समीराना गीत

समीराना गीत

समीर 'अनजान'

वाणी प्रकाशन

प्रकाशन के उत्कृष्टतम 62 वर्ष

vaniprakashan.com

पेपरबैक प्रथम संस्करण : 2017
पेपरबैक द्वितीय संस्करण : 2019
पेपरबैक तृतीय संस्करण : 2025

वाणी प्रकाशन

4695, 21-ए, दरियागंज, नयी दिल्ली-110 002

फ़ोन : + 91 11 23273167, 23275710

शाखाएँ

अशोक राजपथ, पटना-800 004, बिहार

कॉफ़ी हाउस कैम्पस, महात्मा गांधी मार्ग, प्रयागराज-211 001, उत्तर प्रदेश

महात्मा गांधी अन्तरराष्ट्रीय हिन्दी विश्वविद्यालय, वर्धा-442 001, महाराष्ट्र

sales@vaniprakashan.in
vaniprakashan@gmail.com

Sameerana Geet
by Sameer 'Aanjan'

ISBN : 978-93-8733-091-7
Geet/Nazm

मूल्य : ₹ 225

जी.एस. ऑफ़सेट, दिल्ली-110 095 में मुद्रित

वाणी प्रकाशन का लोगो मक़बूल फ़िदा हुसैन की कूची से

माँ के चरणों में समर्पित

कैसे पूरी होती मन्नत देख ली,
मैंने माँ को देखा जन्नत देख ली।

अपनी बात

शुक्रिया गुलज़ार साहेब! बरसों पहले आपने मुझसे कहा था, "तुम फ़िल्मी गाने बहुत लिख चुके, अब कुछ गीत किताबों के लिए लिखो।" आपकी यह बात मेरे ज़ेहन में बार-बार आती रही। बहुत व्यस्त होने की वजह से समय नहीं निकाल पा रहा था। अब थोड़ी मोहलत मिली तो सोचा बुज़ुर्गों की बात टालनी नहीं चाहिए और इसी सोच के साथ जुड़ गया।

मेरे स्व. पिता गीतकार 'अनजान' जो मेरे पिता, गुरु, मार्गदर्शक और दोस्त भी थे, मैं जब-जब उनकी किताब 'गंगा तट का बंजारा' पढ़ता था तो मन के एक कोने से हूक-सी ज़रूर उठती थी, मगर हिम्मत नहीं जुटा पा रहा था। मेरी पहले ऐसी सोच थी कि फ़िल्मी गानों का और साहित्यिक गीतों का कोई लेना-देना नहीं। जब गहराई से सोचने लगा तो लगा कि ऐसा कुछ नहीं है, फ़िल्मी गीत हों या इल्मी गीत हों कोई फ़र्क़ नहीं। बात सिर्फ़ इतनी-सी है कि आप अपनी बात सीधे-सादे लफ़्ज़ों में लिखते हैं या भारी-भरकम शब्दों में। मेरा मानना है कि बात लफ़्ज़ों की नहीं, जज़्बों की होती है। जो आप कहते हैं, वह पाठक की समझ में आना चाहिए।

37 सालों से जीवन की लड़ाई लड़ते-लड़ते यहाँ तक पहुँचा हूँ, कहाँ तक पहुँचा हूँ, इसका फ़ैसला मैं नहीं मेरे देश की जनता और मुझसे बेहतर जानने वाले करेंगे। क्या खोया, क्या पाया, कभी सोचा नहीं। सिर्फ़ एक ही लगन थी काम करते जाने की। अच्छा लिखा, बुरा लिखा इसका फ़ैसला भी आप ही पर छोड़ता हूँ। हाँ, यह सच है कि जो जिया, वही लिखा।

एक मध्यमवर्गीय परिवार से निकलकर यहाँ तक पहुँचा, यही मेरी सबसे बड़ी उपलब्धि है। जितने सपने देखे थे, सब सच हुए। ऊपर वाले ने वह सब कुछ दिया, जिसकी मैं कल्पना भी नहीं कर सकता था। इस सफ़र में जिन-जिन लोगों ने मुझे प्यार, आशीर्वाद और दुआ दी है, मेरा साथ दिया है, उन सबका आभारी हूँ। माता-पिता दोनों स्वर्गवासी हो चुके हैं। धर्मपत्नी अनिता, बच्चे संचिता, शुचिता, सिद्धेश और मैं साथ रहते हैं। चाची लालमनी, भइया शेखर, भाभी उषा और उनके बच्चे सौरभ, शिशिर, सन्देश और दो बहुएँ प्रगति और प्रीती और एक टिप-टिप बोलती पोती एशिका और चुलबुली-सी नातिन अनाया है।

यही एक छोटा-सा कुनबा है। हम सब एक-दूसरे के सुख-दुख के साथी हैं। ये प्यार, ये रिश्ता हमेशा बना रहे, ईश्वर से प्रार्थना करता हूँ।

समीर 'अनजान'

अनुक्रम

गीत

मुक्तक

नज़्म

गीत

आदमी और कुत्ता

आदमी और कुत्ता दोनों साथ-साथ जा रहे थे
अपनी जुबान में कुछ बुदबुदा रहे थे,
कुत्ता आराम से गाड़ी में चल रहा था,
सड़क पर आदमी का पाँव जल रहा था,

कुत्ता मटन की बोटियाँ खा रहा था,
आदमी रोटियों के लिए ललचा रहा था,
कुत्ता बँगलें में जाके सोने लगा,
आदमी फुटपाथ पे बैठ के अपने नसीब पे रोने लगा,

किसी ने सोचा है ऐसा क्यों होता है,
जिस दिन आदमी ये जान जायेगा,
ज़िन्दगी की हक़ीक़त पहचान जायेगा,
आदमी-आदमी से नफ़रत और कुत्ते से इतना प्यार करता है

एक जानवर पर इतना एतबार करता है,
तो सुनिए मैं आपको सुनाता हूँ
ये सच्चाई क्या है बताता हूँ
एक को शानदार बँगला, दूसरे को फुटपाथ मिला है
ये कुछ और नहीं दोनों की गद्दारी और वफ़ादारी का सिला है।

अल्फ़ाज़

तुमने कभी सुना है अल्फ़ाज़ बोलते हैं
ख़ामोश रहके भी तो कुछ साज़ बोलते हैं

तारों के जिस्म चमकें जब चाँद मुस्कुराए
आती है जब जवानी छुपती नहीं छुपाए,
बेबाक लड़कियों के अन्दाज़ बोलते हैं
तुमने कभी सुना है अल्फ़ाज़ बोलते हैं।

चले हौसलों के दम से अम्बर को आज़माने,
नहीं देखते ऊँचाई भरते हैं जब उड़ाने,
बेख़ौफ़ परिन्दों के परवाज़ बोलते हैं,
तुमने कभी सुना है अल्फ़ाज बोलते हैं।

आवारा आँखें

कैसे कहूँ क्या काम किया मेरी आवारा आँखों ने
मुझको बहुत बदनाम किया मेरी आवारा आँखों ने

इनकी मोहब्बत का पैमाना दिल को भरना पड़ता है
इनकी शरारत का हरजाना दिल को भरना पड़ता है
दिल का काम तमाम किया मेरी आवारा आँखों ने
कैसे कहूँ क्या किया मेरी आवारा आँखों ने

इनकी ख़ताएँ लोग ना समझें और दिल पे इल्ज़ाम लगे
इनकी जफ़ाएँ लोग ना समझें और दिल पे इल्ज़ाम लगे
क़त्ल मेरा सरेआम किया, मेरी आवारा आँखों ने
कैसे कहूँ क्या किया मेरी आवारा आँखों ने

वो कौन है

जिसकी मुझे तलाश है आख़िर वो कौन है
जो मेरे आसपास है आख़िर वो कौन है

लम्हा ना कोई ऐसा जबकि उसे सोचा नहीं
महसूस किया है उसको छू के उसे देखा नहीं
जो सिर्फ़ एक अहसास है आख़िर वो कौन है
जिसकी मुझे तलाश है आख़िर वो कौन है

मैं ढूढ़ँता रहा हूँ शाम-ओ-सहर उसे ही
मुझको नहीं है लेकिन मेरी ख़बर उसे ही
सागर को जिसकी प्यास है आख़िर वो कौन है
जिसकी मुझे तलाश है आख़िर वो कौन है

चाँद आसमानी

चुपचाप रोज़ सुनता मेरे दर्द की कहानी
इकलौता मेरा साथी ये चाँद आसमानी

मैं जागूँ तो ये जागे, मैं सोऊँ तो ये सोए
मैं हँस दूँ तो हँस दे ये, मैं रोऊँ तो ये रोए
अपनी तो रिश्तेदारी, सदियों से भी पुरानी
इकलौता मेरा साथी, ये चाँद आसमानी

मेरा भागीदार बनके मेरे ग़म को बाँट लेता
तकलीफ़ें मेरी लेके, मुझको सुकून देता,
मेरी तनहा-तनहा रातों की करता निगहबानी,
इकलौता मेरा साथी, ये चाँद आसमानी

एक बार मैंने पूछा कि तेरा हाल क्या है
उसने कहा कि मेरा भी यार बेवफ़ा है
दोनों के साथ की है चाहत ने बेईमानी
इकलौता मेरा साथी, ये चाँद आसमानी

तनहाई

घबराके ज़िन्दगी से किधर जायें क्या करें
तनहाइयों के ख़ौफ़ से मर जायें, क्या करें

नज़दीकियों के साथ ही कुछ दूरियाँ भी हैं
इनसान के नसीब में मजबूरियाँ भी है
दोराहे पे खड़े हैं गुज़र जायें, क्या करें
तनहाइयों के ख़ौफ़ से मर जायें, क्या करें

खुशियों की आरज़ू थी हमें रंज-ओ-ग़म मिले
मिलना था जिन्हें ज़्यादा वही हमसे कम मिले
हालात की फ़िजाँ में बिखर जायें, क्या करें
तनहाइयों के ख़ौफ़ से मर जायें, क्या करें।

प्रदूषण

ये ज़मी बिक चुकी, आसमाँ बिक चुका
अब हवा धूप पानी ख़रीदेंगे हम

आँखें हरियाली को अब तरस जायेंगी
बदलियाँ आग बनके बरस जायेंगी
साथ क़ुदरत के खिलवाड़ हमने किया
जानके हर क़दम पे भी जोखिम लिया
बाग़ और बाग़बानी ख़रीदेंगें हम
अब हवा धूप पानी ख़रीदेंगे हम।

बदबू अब हो रही वादियों में रवाँ
साँस लेना भी अब होगा दूभर यहाँ
जादूगरनी करपश्न की छल जायेगी
ये प्रदूषण की नागिन निगल जायेगी
साँस और ज़िन्दगानी ख़रीदेंगे हम
अब हवा धूप पानी ख़रीदेंगे हम।

चाँद झुलसेगा बेनूर होगी सुबह
ना अँधेरे उजाले में होगी सुलह
अब ज़हर में सनी होंगी फ़सलें नयीं
बद्दुआएँ हमें देंगी नसलें नयी
इनसे ज़ख़्मी कहानी खरीदेंगे हम
अब हवा धूप पानी ख़रीदेंगे हम।

जन्नत

ना रही अपनी ज़मीं, ना रहा अपना मकाँ
ऐसे लोगों को बता, जायें तो जायें कहाँ
कैसे होगा भला इन सबका गुज़ारा देखो
आओ जन्नत में जहन्नुम का नज़ारा देखो
किस तरह बर्फ़ से उठता है शरारा देखो

अब चिनारों से भी चीख़ों की सदा आती है
जिस्म तो जिस्म है, अब रूह काँप जाती है
कैसे इनसान ने इनसान को मारा देखो
आओ जन्नत में जहन्नुम का नज़ारा देखो

बेगुनाहों के कलेजों पे सितमगर का सितम
अब तो दम तोड़ चुके
दीन-ओ-धरम रहम-ओ-करम
ये वतन कैसे चन्द लोगों से हारा देखो
आओ जन्नत में जहन्नुम का नज़ारा देखो

बहते अश्कों की पनाहों में सिसकती आहें
अपने बच्चों से जुदा होके बिलखती मायें
किसने छीना है बुढ़ापों का सहारा देखो
आओ जन्नत में जहन्नुम का नज़ारा देखो

अपनी आँखों में जो तूफ़ान छुपा रखे हैं
जलते सीनों में जो बारूद दबा रखे हैं
ऐसे बच्चों का किस तरफ़ है इशारा देखो
आओ जन्नत में जहन्नुम का नज़ारा देखो

मुझे जब देखती है

मुझे जब देखती है, अपनी ज़ुल्फ़ें खोल देती है
बिना बोले ही वो लड़की बहुत कुछ बोल देती है

मेरे अहसास पे छा जाता है मदहोशी का मंज़र
मेरे दिल की फ़िज़ाओं में मोहब्बत घोल देती है
बिना बोले ही वो लड़की बहुत कुछ बोल देती है

मेरी आवारा चाहत पे नहीं रहता मेरा क़ाबू
ज़रा-सा मुस्कुराके आरज़ुएँ तोल देती है
बिना बोले ही वो लड़की बहुत कुछ बोल देती है

दरीचे में खड़ी होके हमेशा गुनगुनाती है
वो अपने रूप की दौलत मुझे बे-मोल देती है
बिना बोले ही वो लड़की बहुत कुछ बोल देती है

मुख़्तसर

इश्क़ की रहगुज़र मुख़्तसर-मुख़्तसर
तय करो ये सफ़र मुख़्तसर-मुख़्तसर

बात कोई भी हो, उसके मानी तो हो
दास्ताँ में छुपी एक कहानी तो हो
दर्द-ए-दिल का असर, मुख़्तसर-मुख़्तसर
तय करो ये सफ़र मुख़्तसर-मुख़्तसर

इश्क़ की मंज़िलों से गुज़रते रहो
कोई मौसम हो तुम प्यार करते रहो
ये तड़प हो मगर मुख़्तसर-मुख़्तसर
तय करो ये सफ़र मुख़्तसर-मुख़्तसर

इन्तज़ार

तुझे मैं प्यार करूँ और इतना प्यार करूँ
कि जब तलक मैं जियूँ तेरा इन्तज़ार करूँ

तेरी ख़ुशी ना हो शामिल तो फिर ख़ुशी क्या है
तेरे बग़ैर जो गुज़रे वो ज़िन्दगी क्या है
कई सदियाँ मैं तेरे प्यार पे निसार करूँ

तुझे मैं प्यार करूँ और इतना प्यार करूँ
कि जब तलक मैं जियूँ तेरा इन्तज़ार करूँ

अजीब रस्में हैं ये रस्में आशिकाँ वाले
दिलों की बात नहीं जानते जहाँ वाले
जो प्यार जुल्म है तो जुल्म बार-बार करूँ

तुझे मैं प्यार करूँ और इतना प्यार करूँ
कि जब तलक मैं जियूँ तेरा इन्तज़ार करूँ

तुझे मैं दिल से भुला दूँ ये तो अब हो नहीं सकता
मैं तेरी याद मिटा दूँ ये तो अब हो नहीं सकता
हर एक साँस तेरे नाम पे शुमार करूँ

तुझे मैं प्यार करूँ और इतना प्यार करूँ
कि जब तलक मैं जियूँ तेरा इन्तज़ार करूँ

जीने की सज़ा

बस ज़िन्दगी बस, और उठा नहीं सकता मैं
दर्द-ओ-ग़म के तरकश, बस ज़िन्दगी बस

जीने की सज़ा इतनी बड़ी, सोचा नहीं कभी मैंने,
मर जाऊँगा जीते-जी सोचा ना कभी मैंने
तेरे सितम के ज़ख़्मों से मेरी टूट रही नस-नस

बस ज़िन्दगी बस, और उठा नहीं सकता मैं
दर्द-ओ-ग़म के तरकश, बस ज़िन्दगी बस

दी तूने साँसें गिनके ना कम ना ज़ियादा
तेरी घुटन सहने का अब ना कोई इरादा
ना दौलत की चाहत मुझको ना शोहरत की हवस

बस ज़िन्दगी बस, और उठा नहीं सकता मैं
दर्द-ओ-ग़म के तरकश, बस ज़िन्दगी बस

देवर-भाभी

घर-आँगन फैल गयी धूप गुलाबी
देवर के नाम पत्र लिखे भाभी

खेतों में फूल खिले सरसों, मटर के
तितलौ की नीम चढ़ी भीत पकड़ के
दुल्हन-सी सज गयी हरी-भरी वादी

राई-सा दिन पहाड़ जैसी रातें
याद बहुत आती है तेरी बातें
बाबुल से रूठे हैं दादा-दादी

कोठर में सुग्गा छुपे, कोयलिया बौर चखे
कागा सन्देश लाये, बुलबुल परदेस बसे
जाके शहर पकड़ा गया जग्गू शराबी

घर-आँगन फैल गई धूप गुलाबी
देवर के नाम पत्र लिखे भाभी

हसीनों की गली

जलवों का है बाज़ार हसीनों की गली में
लुट जाओगे सरकार, हसीनों की गली में

दिल वालों हसीनों से ज़रा दूर ही रहना
है दूर ही रहने में भला, दूर ही रहना
सूरत से हैं ये फूल मगर ज़हर है दिल में
सौ तीर लिये फिरती हैं ये गालों के तिल में
आँखों में छुपा रखे हैं मैख़ाने हज़ारों,
आँचल से बँधे फिरते हैं दीवाने हज़ारों
आफ़त है जवानी तो है शोले की तरह रूप
ये धूप को साया करें, साये को करें धूप
बिजली-सी गिरा देती हैं होंठों की हँसी से
ज़िन्दा कोई लौटा ना हसीनों की गली से
ये ऐसे सिपाही हैं जो लश्कर नहीं रखते
क़ातिल हैं मगर हाथ में खंजर नहीं रखते
दिलवालों पे करते हैं सितम रोज़ ही ताज़ा
इनकी गली से निकला है आशिक का जनाज़ा
जो आ गये एक बार हसीनों की गली में
लुट जाओगे सरकार, हसीनों की गली में

ये सच है हसीनों में मुरर्वत नहीं होती

आशिक़ के लिए दिल में मोहब्बत नहीं होती
यूँ दिल्लगी करते हैं ये दिलदार से पहले
दीवाना बना देते हैं इक़रार से पहले
बचता ही नहीं मारा हुआ इनके सितम का
वादे का कोई इनके भरोसा ना क़सम का

दीवाना कोई फन्दे में इनके नहीं आये
अल्लाह ज़माने को हसीनों से बचाये
फ़ितरत से है मक्कार ज़रा ख़ुद को बचाना
देते हैं ये धोखा, कभी धोखे में ना आना
दिल इनको ना देना कहीं टुकड़े ना हो दिल के
इनसे ना मिलो, ख़ाक में मिल जाओगे मिलके
मुमकिन नहीं आशिक़ यहाँ ईमान बचाये
इनसान तो इनसान फ़रिश्ता भी जो आये
हो जाये गुनहगार हसीनों की गली में
लुट जाओगे सरकार, हसीनों की गली में

ज़िन्दाबाद! ऐ वतन

तुझपे क़ुरबान कर जायेंगे जान-ओ-तन
ज़िन्दाबाद ए वतन, ज़िन्दाबाद ए वतन
दुश्मनों के उठाके रहेंगे कफ़न
ज़िन्दाबाद! ऐ वतन, ज़िन्दाबाद! ऐ वतन

हमने ली है क़सम दम में जब तक है दम
झेलते जायेंगे सीने पे गोलियाँ
अपने अरमानों से रंग देंगे तुझे,
खेलते जायेंगे खून की होलियाँ
अब हमारे दिलों में यही है लगन
ज़िन्दाबाद! ऐ वतन, ज़िन्दाबाद! ऐ वतन

आँधियाँ आयेंगी, हमसे टकरायेंगी
हम किसी मोड़ पे अब रुकेंगे नहीं,
यारों के यार हैं ऐसे खुद्दार हैं
सर ये कट जायेंगे पर झुकेंगे नहीं
पूरा करके रहेंगे लिया जो वचन
ज़िन्दाबाद! ऐ वतन, ज़िन्दाबाद! ऐ वतन

चोट खाते रहे, मुस्कुराते रहे
अब सहेंगे ना हम ज़ालिमों के सितम

कर लिया फ़ैसला हमको है ये पता
मौत से भी बुरा है गुलामी का ग़म
कह रही है ज़मीं, कह रहा है गगन
ज़िन्दाबाद! ऐ वतन, ज़िन्दाबाद! ऐ वतन

नाम क्या धर्म क्या, जात क्या प्रान्त क्या
देश के वास्ते हम सभी एक हैं
हँसके मर जायेंगे आज़ादी लायेंगे
ये इरादे हमारे बड़े नेक हैं
हम तो फाँसी पे चढ़के भी होंगे मगन
ज़िन्दाबाद! ऐ वतन, ज़िन्दाबाद! ऐ वतन

चूमके ये क़दम आज निकले हैं हम
बेअसर ये दुआएँ तो होती नहीं
मर के जीते हैं हम लेते हैं फिर जनम
हम शहीदों की माँयें तो रोती नहीं
ना भिगाना कभी ममता वाले नयन
ज़िन्दाबाद! ऐ वतन, ज़िन्दाबाद! ऐ वतन

गायेगी ये हवा झूमेगी ये फ़िज़ाँ,
जब दुल्हन बन के आज़ादी लहराएगी,
आँख भर आयेगी, आँसू छलकाएगी,
हम शहीदों की भी तुमको याद आयेगी,
होगा चारों तरफ़ सिर्फ़ चैन-ओ-अमन
ज़िन्दाबाद! ऐ वतन, ज़िन्दाबाद! ऐ वतन

परदेशी

खेतों में धानी पीली सरसों लहराये रे
तेरी यादों की ख़ुशबू मिट्टी से आये रे
घर आजा परदेसी तेरा देश बुलाये रे

अमराई में कोयल कूके, पाती-पाती झूमे
घूँघट का पट खोल के भौंरा, कलियों का मुख चूमे
रंग उड़े होली में चैतू फगवा गाये रे
घर आजा परदेसी तेरा देश बुलाये रे

बहना की राखी रोती है, माँ के आँसू तुझे पुकारे
बूढ़े बाप की बूढ़ी आँखें, आख़िर कब तक राह निहारे
तेरी बीवी भी अंखियन से नीर बहाये रे
घर आजा परदेसी तेरा देश बुलाये रे

ना कोई चिट्ठी ना पाती ना कोई ठौर ठिकाना
हाल ख़बर सन्देसा मुश्किल तेरे तक पहुँचाना
पीर जिया की कोई कैसे तुझे बताये रे
घर आजा परदेसी तेरा देश बुलाये रे

हूक कलेजे से उठती है तुझको गले लगाने की
आस अभी तक बाक़ी मन में, परदेसी तेरे आने की
लाख इसे समझाऊँ पर दिल समझ ना पाये रे
घर आजा परदेसी तेरा देश बुलाये रे।

चूड़ी

चूड़ी उसकी टूटी तो वो रोई रात भर
मेरा दिल जब टूटा तो वो टाल गई हँस कर

वो जो कभी ख़फ़ा हो तो मैं हफ़्तों उसे मनाऊँ
उसे कोई परवाह नहीं कभी मैं जो रूठ जाऊँ
तकलीफ़ें देती हैं उसकी ये बातें अकसर
चूड़ी उसकी टूटी तो वो रोई रात भर

उसका दुख तो दुख है लेकिन मेरा दुख बेमानी
उसके इसी अन्दाज़ पे मुझको होती है हैरानी
क्या दुनिया में और किसी का है ऐसा दिलबर
चूड़ी उसकी टूटी तो वो रोई रात भर

शाम कजराने लगी

शाम कजराने लगी तेरी याद फिर आने लगी
अपने रस्ते धीमे-धीमे रोशनी जाने लगी

तनहा-तनहा मेरा मन चारों तरफ़ है सूनापन
धड़कन-धड़कन है मध्यम साँसों में शामिल है घुटन
जान फिर जाने लगी तेरी याद फिर आने लगी
शाम कजराने लगी तेरी याद फिर आने लगी

आलम सारा धुआँ-धुआँ तनहाई है रवाँ-रवाँ
अनजाना अनकहा सुनाहर अफ़साना बयाँ-बयाँ
दूरी तड़पाने लगी तेरी याद फिर आने लगी
शाम कजराने लगी तेरी याद फिर आने लगी

मेहँदी

बिन बादल होने लगी झिमिर-झिमिर बरसात
सावन-सावन हो गये मेरे तो जज़्बात

तूने ऐसा छुआ मेरा हाथ
मेहँदी महकती रही सारी रात

ख़ामोशियों ने किये वो इशारे
बदला ये मौसम और बदले नज़ारे
दिल ने दिल से कही दिल की बात
मेहँदी महकती रही सारी रात

ऐसे झुकी तेरी पलकें शरम से
मैं मर गया मेरे रब्बा क़सम से
तूने की इस तरह मुलाक़ात
मेहँदी महकती रही सारी रात

माँ

कि मैं हूँ परदेस में, अजनबी देस में
कितना मजबूर हूँ, तुझसे मैं दूर हूँ
कुछ भी अच्छा नहीं लग रहा है यहाँ
तू कैसी है माँ?

मेरा बचपन मुझे याद आने लगा
लोरियों में कहीं मुस्कुराने लगा
रात पलकों में सपने पिरोता रहा
तेरे सीने से लग के मैं सोता रहा
तुझसे मिलने को पल-पल तड़पती है जाँ
तू कैसी है माँ?

देखना, हो गया कितना खुदगर्ज़ मैं
कर सका ना अदा दूध का क़र्ज़ मैं
अपने हालात में इस क़दर खो गया
एक बेटा भी माँ से जुदा हो गया
मुझसे नाराज़ लगते हैं दोनों जहाँ
तू कैसी है माँ?

तेरा साया मेरे साथ चलता रहा
लड़खड़ाता रहा मैं सँभलता रहा

तीरगी से गिरी जब निगाहें मेरी
रोशनी लेके आयी दुआयें तेरी
तेरी ममता हवाओं में रहती है रवाँ
तू कैसी है माँ?

इस तरह से रुकेगा ना ये सिलसिला
मेरे कर्मों का मुझको मिलेगा सिला
मेरे बच्चे भी मुझसे जुदा होंगे जब
तेरी तकलीफ़ का होगा अहसास तब
लेगा रब मेरा भी एक दिन इम्तिहाँ
तू कैसी है माँ?

अपनी माँ से कभी दूर जाना नहीं
मेरी जैसी कभी चोट खाना नहीं
दोस्तों माँ का दर्जा है रब से बड़ा
माँ के क़दमों में ख़ुशियों का सागर पड़ा
माँ के जैसी है दुनिया में कोई कहाँ
तू कैसी है माँ?

जीत

सबक़ हौसलों का हमको सिखलाता है
जिसे लड़ना आता है वो जीत के जाता है

अपने इरादों को ना हम होने देंगे कमज़ोर
कभी नहीं हम छोड़ेंगे उम्मीदों की डोर
समय का चलता पहिया हमको समझाता है
जिसे लड़ना आता है वो जीत के जाता है

आँधी हो या तूफ़ाँ हो, हमको टकराना है
आगे ही आगे अब हमको बढ़ते जाना है
खिलके फूल काँटों में हमको बतलाता है
जिसे लड़ना आता है वो जीत के जाता है

भूख

भूख इनसान की मजबूरी है
भूख इनसान की कमज़ोरी है
भूख इनसान को रुलाती है
भूख इनसान को हँसाती है
भूख मग़रूर बना देती है
भूख मज़दूर बना देती है
भूख यतीम बना देती है
भूख रिश्तों का नाम देती है
भूख महरूमियों का घर यारों
भूख नाकामियों का दर यारों
भूख से बन्दा-खुदा का नाता है
भूख से हर नाता टूट जाता है
भूख दरिया है सब गुनाहों की
भूख मंज़िल है बुरी चाहों की
भूख सबसे बड़ी हक़ीक़त है
भूख सबसे बड़ी नसीहत है

'कशमकश'

अजीब कशमकश से गुज़रती है ये उमर
कभी ज़िन्दगी के सदमे कभी मौत का है डर
हर ख्वाब लगे मुज़रिम, हर वक़्त नज़रबन्द
हर चाह लगे बन्दिश हर साँस नापसन्द
सारा ज़ेहन है बन गया गुनाहों का शहर

गलियों से गुज़रती हुई हर लाश हम पे हँसती
वादी में गूँजती हुई हर चीख़ हमसे कहती
एक दिन ये मौत तुझपे भी ढायेगी क़हर

एक ओर आग का दरिया एक ओर खाई बड़ी
देखे नज़र जहाँ तक तन्हाई-ही-तन्हाई
आता नहीं है हमको कोई रास्ता नज़र

'देवता'

हम अपने गुनाहों की सज़ा पाते रहे
हम पत्थरों को देवता बनाते रहे

मालूम था कि चेहरा बदलता है आईना
हर शख़्स को हम आईना बताते रहे

पाँव में मेरे चुभते रहे काँटे बार-बार
फूलों के मगर बाग़, हम सजाते रहे

जो देखते थे मुझको हिक़ारत की नज़र से,
हम उनको अपनी नज़रों में बसाते रहे

सूरज भी हो चुका था, अँधेरे का गुलाम
हम रोशनी दीये की, आज़माते रहे

हम अपने गुनाहों की सज़ा पाते रहे
हम पत्थरों को देवता बनाते रहे

मेरा भारत महान

मेरा भारत महान, ऐसे भारत पे क़ुरबान है मेरी जान।

जिसकी बाँहों में बहते हैं गंग-ओ-जमन
जिसकी राहों में महके गुलों के चमन
जिसके दिन-रात सजदे हिमाला करे
जिसके ज़र्रों की पूजा शिवाला करे,
जिसकी सारे जहाँ से अनोखी है शान
मेरा भारत महान, ऐसे भारत पे क़ुरबान है
मेरी जान।

जिसकी मिट्टी में सोने की फ़सले उगें
आने वाले ज़माने की नस्लें उगें
जिसने पाला मुझे एक माँ की तरह
जिसने दिल में रखा मुझे जाँ की तरह
मिटने देंगे ना हरिगज़ हम उसकी आन
मेरा भारत महान, ऐसे भारत पे क़ुरबान है मेरी जान।

जिसमें दुनिया की सारी ज़बानें मिलें
दुश्मनों को भी जिसमें ठिकाने मिलें
फ़र्क़ अपने-पराये में जो ना करे
सबका दामन मुरादों से हरदम भरे
जिसकी साँसों में गूँजे कन्हैया की तान,
मेरा भारत महान, ऐसे भारत पे क़ुरबान है मेरी जान।

रिश्ते

सारे रिश्ते वक़्त की मौजों के साथ बह गये
ज़िन्दगी की भीड़ में बस हम अकेले रह गये

सिर्फ़ कहने की है बातें, कौन किसके साथ है
जो नहीं सहना था हमको, हँसते-हँसते सह गये
सारे रिश्ते वक़्त की मौजों के साथ बह गये

क़समें, वादे, प्यार, चाहत और वफ़ाओं का भरम
रेत की दीवार थे सब ढहते-ढहते ढह गये
सारे रिश्ते वक़्त की मौजों में के साथ बह गये

क्या ज़माने से करें हालात-ए-ग़म का तज़करा
जो भी कहना था हमें ख़ामोशी से हम कह गये,
सारे रिश्ते वक़्त की मौजों के साथ बह गये

अनीता

मैं सच कहता हूँ अनीता, मैं राम नहीं हूँ लेकिन तुम हो मेरी सीता

संघर्षों की राहों में, मैं था गर्दिश की बाँहों में
तक़दीर की कड़ी लड़ाई थी, हर ओर सिर्फ़ तनहाई थी
कुछ पास नहीं था मेरे सब कुछ था रीता-रीता,
मैं सच कहता हूँ अनीता, मैं राम नहीं हूँ लेकिन तुम हो मेरी सीता

तुम जीवन में जब आयीं, राहत का झोंका लायीं
काली रातों का रंग धुला, मेरी क़िस्मत का द्वार खुला
तुम जीवन में ना आती, तो घूँट ज़हर के पीता
मैं सच कहता हूँ अनीता, मैं राम नहीं हूँ लेकिन तुम हो मेरी सीता

मेरे आँगन को फुलवारी दी, मुझे बच्चों की किलकारी दी
समझाया देखा भाला, हर क़दम पे मुझे सँभाला
तुम हो मेरा रामायण और तुम हो मेरी गीता
मैं सच कहता हूँ अनीता, मैं राम नहीं हूँ लेकिन तुम हो मेरी सीता

मेरी पत्नी मेरा प्यार बनी, सुख-दुख का हिस्सेदार बनी
बच्चों को राह दिखाया, उन्हें पाला और पढ़ाया
तुमने सबको अपनाया, तुमने सबका मन जीता
मैं सच कहता हूँ अनीता, मैं राम नहीं हूँ लेकिन तुम हो मेरी सीता

इस दर्द ने मुझको मारा, इस ग़म ने मुझे तड़पाया
जितना सुख तुमको देना था, मैं उतना नहीं दे पाया
कभी रूठा, कभी मनाया, एक-दूजे को समझाया

जीवन-रथ हँसते-गाते, हमने यहाँ तक पहुँचाया
हर जन्म में तुमको पाऊँ, रस्मों-क़समों को निभाऊँ
तुम्हें पाया मैंने जब से, कुछ और न माँगा रब से
तुमसे ही मेरी साँसें, तुमसे जन्मे कविता
मैं सच कहता हूँ अनीता, मैं राम नहीं हूँ लेकिन तुम हो मेरी सीता

तू मौजूद है

मेरे दिन-रात में, मेरी हर बात में
मेरे ख़यालात में, मेरे लम्हात में
मेरी हर प्यास में, मेरे अहसास में
मेरी हर आस में, मेरी हर साँस में
तू मौजूद है, तू मौजूद है

यादों की दीवारों पर तेरा ही रूप सजाऊँ
तनहाई में भी तो मैं तनहा ना रह पाऊँ
मेरे हर ख़्वाब में, दिले-बेताब में
मेरे अरमान में, मेरी इस जान में
तू मौजूद है, तू मौजूद है

आती-जाती नर्म हवा, जब तेरी खुशबू लाये
दूरी भी ना जाने क्यों नज़दीकी बन जाये
मेरे इक़रार में मेरे इज़हार में
मेरे एतबार में, मेरे इन्तज़ार में
तू मौजूद है, तू मौजूद है

मुजरा

ये कोठा, ये घुँघरू, ये मुजरा, ये गाना
मेरी ज़िन्दगी का यही है फ़साना
तुझे वास्ता है मेरे आँसुओं का
मुझे माफ़ करना मुझे भूल जाना
मेरे ग़म की कोई दवा ही नहीं
जीने की कोई वजह ही नहीं
जो लाये असर वो दुआ ही नहीं
कोई दिल में अब हौसला ही नहीं

तुझसे मिन्नत है, गुज़ारिश है, कहा मान भी लो
मेरे मजबूर ये हालात को पहचान भी लो
और अब कोई रास्ता ही नहीं
मेरे ग़म की कोई दवा ही नहीं
जीने की कोई वजह ही नहीं

अब ये बस्ती भी उजड़ जायेगी, हौले-हौले
जिस्म से जान बिछड़ जायेगी हौले-हौले
अब कोई आसरा बचा ही नहीं
मेरे ग़म की कोई दवा ही नहीं
जीने की कोई वजह ही नहीं

टूट के अब तो बिखर जाना ही बेहतर होगा
ऐसे जीने से तो मर जाना ही बेहतर होगा
इससे बढ़कर कोई सज़ा ही नहीं,
मेरे ग़म की कोई दवा ही नहीं
है जीने की कोई वजह ही नहीं

रंग दे बसन्ती चोला

निकला जियाला वीर सिपाही, अपना सीना ताने
अपने वतन पे अपने चमन पे अपनी जान लुटाने
देशप्रेम की क्रान्ति के होंठों के यही तराने
लाल चला तेरा, धरती माँ, तेरी लाज बचाने
चला जलाने दुश्मन का घर बनके आग का गोला
मेरा रंग दे बसन्ती चोला, मेरा रंग दे बसन्ती चोला

आज़ादी की क़समें खाके हाथ में परचम लेंगे
आज गुलामी की ज़ंजीरे तोड़के ही दम लेंगे
अपने लहू से एक नया इतिहास हमें लिखना है
आख़िरी साँस भी आज़ादी के नाम पे ही हम लेंगे
वक़्त ने लावा क्रान्ति का हर एक साँस में घोला
मेरा रंग दे बसन्ती चोला, मेरा रंग दे बसन्ती चोला

प्रेम ज्योत आँखों में सर पे बलिदानों का सेहरा
आज घड़ी है बड़ी सुहानी, आज का दिन है सुनहरा
सितम से मुक्ति पायी, टूटा आस-निराश का पहरा
क़ुरबानी के नूर से कैसा चम-चम चमके चेहरा
सुहाग सेज-सा सजा हुआ है आज अर्थी का खटोला
मेरा रंग दे बसन्ती चोला, मेरा रंग दे बसन्ती चोला

आज़ादी का शोला बनके खूँ रग-रग में डोला
देश पे मिटने की जब बारी आयी तो दिल बोला
मेरा रंग दे बसन्ती चोला, मेरा रंग दे बसन्ती चोला
अब यही धुन है देश की धरती अपने लहू से सँवारें
प्यार से इसके हर ज़र्रे पे, अपना सब कुछ वारें
चीर के सीना हर पतझड़ का, लायें नयी बहारें
जान तो हारें देश की ख़ातिर पर हिम्मत ना हारें
बढ़के पीछे अब ना हटेगा, मस्तानों का टोला
मेरा रंग दे बसन्ती चोला, मेरा रंग दे बसन्ती चोला

क़ुरबानी की सेज सजेगी, आज मचेंगी धूमें
अपना जीवन महक उठेगा, मिट्टी की खुशबू में
दिन है मिलन का, आज के दिन, हम मस्ती में झूमें
फाँसी के फन्दे को गले का हार समझकर चूमें
मौत की दुल्हन ने चेहरे से अपना घूँघट खोला
मेरा रंग दे बसन्ती चोला, मेरा रंग दे बसन्ती चोला

पल आया है देश पे सब कुछ अर्पण कर देने का
ख़ून से धरती माँ की सूनी माँग को भर देने का
क़ुरबानी का मौसम है ये, बलिदानों का दिन है
ये मौक़ा है अपने वतन पे, अपना सर देने का
आज भरेगा आशाओं से मन का ख़ाली झोला
मेरा रंग दे बसन्ती चोला, मेरा रंग दे बसन्ती चोला

संचिता

कैसी हो बेटा ये व्याकरण ग़लत है
लेकिन भावना शत-प्रतिशत सही है
मैंने तुम्हें कभी बेटी नहीं कहा, पता नहीं क्यों बेटा
पापा आये, पापा आये, मम्मी ने गुस्सा किया पापा
मम्मी ने मारा, आप अभी नहीं जाओगे ना पापा
अब हम आपके साथ खेलेंगे मस्ती करेंगे
आप घर में नहीं रहते तो अच्छा नहीं लगता कहाँ चले जाते हो, आप इतना
लेट क्यों आते हो, मुझे आज आपके हाथ से खाना खाना है पापा
कोई कहानी सुनाओ पापा
मुझे आज आपके पास सोना है
पापा मेरे लिए एक गुड़िया, एक ड्रेस और...और...
अच्छा और कल बताऊँगी
लाओगे ना पापा
हाँ बेटा।

ये वो शब्द हैं जो अब तुम्हारे लिए सुनने के लिए नहीं मिलेंगे, तुम्हारी एक मुस्कुराहट मेरे दिल की सारी थकान मिटा देती है, पता नहीं क्यों आज
तुम्हारे लिए कविता लिखने का दिल कर गया
ऐसा पहले कभी नहीं हुआ था

शायद इसलिए क्योंकि अब तुम मुझसे दूर जाने वाली हो ना
बहुत ख़ुश हूँ ये सोच के कि तुमको एक अच्छा पति और एक अच्छा परिवार मिल गया है।
लेकिन दुखी हूँ तो सिर्फ़ दूरी के अहसास से
मैंने तुम्हें जैसे पाला है सँवारा है सहेजा है
वैसे ही तुम्हारा जीवन आगे गुज़रेगा कि नहीं
सोच के डर लगता है
मैंने कभी तुम्हें मारा नहीं
हाँ कभी कभी नाराज़ ज़रूर हुआ
शायद वो ज़रूरी था
तुम्हारी माँ ने तुम्हें मुझसे ज़्यादा सही मार्गदर्शन दिया, उसके लिए उन्हें कभी-कभी सख़्त भी होना पड़ा
जो ज़रूरी था
तुम अपने घर में ख़ुश रहो
तुम्हारी ज़िन्दगी में कभी ग़म की धूप ना आये
तुम सदा मुस्कुराती रहो
रात-दिन ईश्वर से प्रार्थना करता रहता हूँ
अगर कभी अनजाने में तुम्हारे दिल को ठेस पहुँचायी हो तो उसके लिए माफ़ी चाहता हूँ बेटा
तुम्हारा पापा!

वक़्त

परिवर्तन के साथ बदल
वक़्त की उँगली थाम के चल
वर्ना रह जायेगा पीछे
आगे जग जायेगा निकल।

दरिया जैसे बहना है,
जीवन चलते रहना है,
कुदरत का भी कहना है
रुकता नहीं इक पल भी पल।
वक़्त की उँगली...

पर है तो परवाज़ है
क्या शोहरत क्या ताज है
जो है वो बस आज है
आये ना आने वाला कल
वक़्त की उँगली...

वो बुढ़िया

वो बुढ़िया, वो खिड़की
बहुत याद आयी

मेरी सुबह-सुबह की सैर हो
या घर वापसी का वक़्त
इक पुराने से मकान की खिड़की से झाँकती
दो बूढ़ी, बुझी बेजान-सी आँखें
गलियों में आते-जाते लोगों को देखती रहतीं
बेजुबान मगर कुछ कहती थीं
क्या किसी के इन्तज़ार में थीं वो आँखें?
पता नहीं...मगर था ज़रूर किसी-ना-किसी का इन्तज़ार उन्हें
शायद उन लोगों का, जो उसे छोड़के ना आने के लिए
चले गये थे या मौत भी उस आहट का जो सुनाई तो देती है
मगर आती नहीं कमबख़्त, उस अकेलेपन से, उस वीरानगी से
ऊपर वाले से, आँखें ये सवाल करती थीं।
क्या-क्या सपने देखे थे मैंने, सब टूट गये
अपने-पराये सब छूट गये
ऐसा भी क्या अपराध किया था मैंने जिसकी इतनी बड़ी
सज़ा मिली है मुझे, ये घुटन, ये तनहाई बेवजह मिली है मुझे
कभी-कभी सोचता हूँ, जाऊँ उससे बात करूँ

उसका अकेलापन बाँटूं, मगर उसके पास बिखरे सन्नाटे
और उदासी से डर लगता है और ईश्वर से कहता हूँ
बुढ़ापा और अकेलापन किसी को एक साथ मत देना।
बहुत दिनों से उन गलियों से गुज़रा नहीं
मगर ना जाने क्यों उसे सोचकर आँख ड़बड़बाई
वो बुढ़िया...

शुचिता

सबसे अलग, सबसे प्यारी
सबसे निर्मल, सबसे न्यारी
उसके आस-पास रहती है
मेरी दुनिया सारी–
मेरी ख़ुशी की टिकिया,
मेरी छोटी बिटिया।।

ज़ुबान की कड़वी है मगर दिल की सच्ची
बड़ी होके भी लगती है बच्ची
उसकी आँखों में कुछ करने की तमन्ना है
मेरी तरह जीवन में कुछ बनना है
अपनी कोशिश में लगी रहती है
कुछ छुपाती है कुछ कहती है
रोज़-रोज़ नये तिनके जुटाती है
अपने सपनों का घरौंदा बनाती है
मेरी ख़ुशी की टिकिया
मेरी छोटी बिटिया
सबसे अलग...

कभी-कभी ज़िन्दगी की लड़ाई से घबराती है
घर वापस उदास होके आती है

मगर उसे मालूम है कि अगर कुछ पाना है
तो नाउम्मीदी से नहीं घबराना है
मैं उसके हौसले बढ़ता हूँ
अपने संघर्षों की कहानी सुनाता हूँ
मैं उसे बहुत प्यार करता हूँ उसपे एतबार करता हूँ
मेरी ख़ुशी की टिकिया, मेरी छोटी बिटिया
सबसे अलग...

सिद्धेश

तू मेरा आज और कल है
मेरी दुआवों का फल है।

जब-जब मैंने तुमको बचपन में देखा
खुद को बच्चा होते हुए, पचपन में देखा
तुम्हारे नन्हें कदमों को मैंने सम्हलना सिखाया
उँगली पकड़ के तुमको मैंने चलना सिखाया
तुझको बड़ा देखने की मन में इक हलचल है।
तू मेरा आज...

इस दुनिया में मुझसे भी ज़्यादा तू नाम कमाये
मेरी विरासत को तू, मुझसे आगे ले जाये
मेरी ज़मीं पे खड़े होके तू आसमानों को छू ले
तेरी बाँहों में खुशियों की नर्म चाँदनी झूले
मेरी उम्र की बगिया का तू खिलता हुआ कँवल है।
तू मेरा आज...

भूल

हमसे हुई है ये भूल कई बार
काँटों को समझे, हम फूल कई बार

हमने तो दरपन को दरपन समझा
अपने मन जैसा, सबका मन समझा
कलियों की क्यारी में, पाँव रखे हम
तलवों में चुभ गये बबूल कई बार
हमसे हुई है...

पीछे पड़ी है ये सारी ख़ुदाई
पूछो ना किसकी, सज़ा हमने पाई
झूठों की बस्ती में रहके भी हम
सच को किये हैं क़बूल कई बार
हमसे हुई है....

इनपे कोई ज़ोर चलता नहीं
इनका मुखौटा बदलता नहीं
हाँ इनके मटमैले चेहरों से भी
हमने हटाई है धूल कई बार
हमसे हुई है...

जीवन

बहुत मैंने खोया, बहुत कुछ जो पाया
तब जाके जीवन, समझ में है आया।

घेरा उदासियों ने हर आस मुझसे लूटी
हाथों से चुपके-चुपके रिश्तों की डोर छूटी
मेरा कोई अपना, बना जब पराया।
तब जाके जीवन...

अमृत समझ के ज़हर पी रहा था।
मैं झूठा कोई, भरम जी रहा था।
किसी ने मुझे, आईना जब दिखाया
तब जाके जीवन...

इश्क़

किसी बहाने मुझे इश्क़ तेरा पाना है,
मेरा मिज़ाज लड़कपन से आशिक़ाना है।

तेरी मोहब्बतें दिल में छुपाये रखता हूँ
तेरे ख़यालों की महफ़िल सजाये रखता हूँ
तुझे इक रोज़ सनम राज़े-दिल बताना है
मेरा मिज़ाज...

कभी कहीं तो किसी वक़्त मिलेगा मौक़ा
ज़माने भर की निगाहों को दूँगा मैं धोखा
किसी तरीक़े से तुझको गले लगाना है।
मेरा मिज़ाज...

पापा कहते थे

ज़िन्दगी ये कैसी है
जैसे जियो वैसी है
मेरे पापा कहते थे।

मेरे आदर्शों पे चलके आगे बढ़ते जाना
इक अच्छा इनसान बनके, इक दिन मुझे दिखाना
मेरे रंग-रूप की छाया, तुझमें ही पहचानें
इस दुनिया के लोग मुझे अब तेरे नाम से जानें
मेरे पापा...

ऊपर वाले से बरसों से यही दुआ थी मेरी
गर्व मुझे हो और करें तारीफ़ यहाँ सब तेरी
जितनी बड़ी हो चादर, उतना ही पाँव फैलाना
कर्मयोगी बनके जीना, अपनी मेहनत का खाना
मेरे पापा...

मैं जैसे जी रहा हूँ

आँखों में अश्क़ भरके, होंठों से मुस्कुराये
मैं जैसे जी रहा हूँ, कोई जी के तो बताये।

हालात जैसे भी हों, हम साथ में रहेंगे
आसान है ये कहना, हम दर्द सब सहेंगे
कोई वादा ऐसा दे दे, और देके फिर निभाये।
मैं जैसे जी रहा हूँ...

मेरा यार बेवफ़ा है, मैं जानता हूँ लेकिन
सच उसको बता देना, मेरे लिए नामुमकिन
कोई दिल की चाहतों को, इस तरह आज़माये।
मैं जैसे जी रहा हूँ...

बेटा

जब बेटा बाप के कपड़े और जूता-चप्पल पहनने लगे
और माँ से बार-बार कहने लगे कि "आपको मेरी बात समझ में नहीं आती"

तो माँ बाप को समझ लेना चाहिए कि बेटा ज़रूरत से ज़्यादा समझदार और बड़ा हो गया है, वर्ना तो जब उसे बोलना तक नहीं आता था, तब माँ-बाप को उसकी हर बात समझ में आती थी।

दूरी

हम पास-पास रहके, इक दूरी जी रहे हैं
रिश्तों की कौन-सी, ये मजबूरी जी रहे हैं

ना कोई आरज़ू है, ना कोई दास्ताँ है
बस नाम का मरासिम, तेरे-मेरे दरमियाँ है
हम चाँदनी में रहके, बेनूरी जी रहे हैं
रिश्तों की कौन-सी...

ये डोर छूटके भी क्यों छूटती नहीं है
ये आस टूटके भी, क्यों टूटती नहीं है
हम ज़िन्दगी भी आधी-अधूरी जी रहे हैं
रिश्तों की कौन-सी...

हमें तुमसे है शिकायत, तुम्हें हमसे कुछ गिला है
जो चल रहा है हममें, अजीब सिलसिला है,
हम अनबूझी ये कैसी कस्तूरी जी रहे हैं
रिश्तों की कौन-सी...

रास्ते

जहाँ से बन्द होते हैं सारे रास्ते
वहीं से नया रास्ता निकलता है।
हम सारी उम्र जिनको समझते हैं अजनबी
उन्हीं से कोई वास्ता निकलता है ॥

कुछ कल की बात करते, कुछ सोचते परसों की
कुछ तो पल की फ़िक्र में हैं, कुछ सोचें बरसों की
ना हमको कुछ ख़बर हो, ना तुम ही जान पाओ
कब वक़्त कैसे करवटें बदलता है।
जहाँ से बन्द होते हैं...

आँखों से जब ना हटता, तनहाइयों का मन्जर
जब अपनी हद से आगे, बढ़ जाता है समन्दर
तूफ़ानों में घिर जाये, जब साँसों का सफ़ीना
उम्मीद के तिनके पे आके ये सम्हलता है।
जहाँ से बन्द होते हैं...

अनाया

बूढ़े पेड़ की कोमल पात
तीसरी पीढ़ी की शुरुआत,
छुई मुई सी छाया
चंचल मेरी अनाया

कौवे का काँव कौवे का स्वर भी
तुमको लगता प्यारा
तुम्हारी तोतली बोली पर ही
मैं तो सब कुछ हारा
तुम्हारा हँसना, तुम्हारा रोना
खाना, पीना, जागना, सोना
टूटी-फूटी राईम गाना
मुश्किल है उन्हें भूल पाना
तुमने मन को लुभाया
चंचल मेरी अनाया

मेरी धुँधली आँखों में भी
नूर कहीं लहराया
तुम्हें देखके साँची का
मुझे बचपन याद आया

गुस्सा करना, मान जाना
दूर रहना, पास आना
चुपके-चुपके, चोरी-चोरी
तुम्हें सुलाऊँ, गाऊँ लोरी
तुमसे बहुत सुख पाया
चंचल मेरी अनाया

सपना

तू अगर ना मानती, मुझको अपना भाई।
तो सूनी रह जाती, बिन राखी मेरी कलाई ॥

सब नातों से अलग लगे मुझे
भाई-बहन का नाता,
वही समझ पाये इसको, जो है इसे निभाता,
सच कहते हैं लोग पुराने, सच कहती दुनिया सारी
बहना की रक्षा करना भी, भाई की है ज़िम्मेदारी
जैसे-जैसे बड़ा हुआ, ये बात समझ में आयी
तू अगर ना मानती...

लहू-लहू का रिश्ता है ये रिश्ता कभी ना टूटेगा
ईश्वर ने जोड़ा ये बन्धन बन्धन कभी ना छूटेगा
बड़ी होके इक दिन बहना, पी के घर चली जाती है
लेकिन भाई को अकसर याद बहन की आती है
भाई वो क़िस्मत वाला, जिसने बहन की डोली उठाई
तू अगर ना मानती...

ज़िन्दगी

धूप और छाँव की लड़ाई है
ज़िन्दगी अब समझ में आयी है
इक तरफ़ सुख का झूठा सागर है
इक तरफ़ दुख की गहरी खाई है
ज़िन्दगी अब समझ में आयी है

हम समय के पहाड़ों पे चढ़ते रहे
रास्तों की तरफ़ आगे बढ़ते रहे
हमने देखा नहीं मुड़के पीछे कभी
एक पल जब रुका तब ये सोचा अभी
ना कटे फ़ासले, ना सफ़र तय हुआ
और मंज़िल भी हमसे पराई है
ज़िन्दगी अब...

हम बेगानों को अपना समझते रहे
और हक़ीक़त को सपना समझते रहे
धीरे-धीरे जो चेहरों से पर्दा उठा
आया तूफ़ाँ तो रस्तों से गर्दा उठा
ना कोई आस है, ना कोई पास है,
सज़ा जीने की हमने ये पायी है
ज़िन्दगी अब...

फ़र्क़

फ़र्क़ सिर्फ़ इतना है, तेरे-मेरे जीने में।
तूने उम्र काटी है, मैंने ज़िन्दगी जी है॥

कल के सपने देख रहा था, तू हर दिन हर लम्हा
महफ़िल-महफ़िल भटका, लेकिन रहा हमेशा तनहा
मैंने कल की कभी ना सोची
सिर्फ़ आज की परवा की है
मैंने ज़िन्दगी जी है।

साथ-साथ हम चले, मगर थी बीच हमेशा दूरी
इस जीवन को अकसर तूने समझा इक मजबूरी
मैंने ग़म की रातों में भी खुशी की मदीरा पी है॥
मैंने ज़िन्दगी जी है।

हर पल शोहरत, दौलत के खोने का तुझको ग़म था
बारहों मास तेरी बगिया में, पतझड़ का मौसम था
मैंने अपने संघर्षों के दिन भी मस्ती की है
मैंने ज़िन्दगी जी है।

सरहद

अम्बर छूती दीवारें, ना काँटों वाला तार
नफ़रत की गोलाबारी, ना तोपों की झंकार
सरहद के इस पार, सरहद के उस पार
क्या चाहिए हमें, क्या चाहिए तुम्हें?
बस प्यार प्यार प्यार।।

1. एक-दूजे के आँसू पोंछें, प्यार अमन की फ़सलें बोयें
तुम अपने घर चैन से बैठो, हम अपने घर चैन से सोयें
मिल-जुलके साथ मनायें, अपने-अपने त्योहार।
सरहद के इस पार...

2. अहसासों को छूके देखो, दबी है शबनम आग के नीचे
जज़्बातों को क़ैद करो ना, खोल भी दो अब मन के दरीचे
मिट जायेंगे शिकवे-गिले, लग जाओ गले मेरे यार।।
सरहद के इस पार।

3. मानों इसका कहना मानो सच कहता है दिल फ़रियादी
मरने-मारने का हासिल है, सिर्फ़ तबाही और बरबादी
मन्त्रों और अज़ानों से उठती है, यही पुकार
सरहद के इस पार।

4. ज़ार-ज़ार रोती है बहनें, बिलख-बिलख कहती है माँयें
दर्द भरे मातम का मंज़र, अब तो आँखें देख ना पायें
बन्द करो मेरे भाई ये दहशत का व्यापार
सरहद के इस पार।

साँसों का चलते रहना

कोई हौसला तो हो, कोई जुस्तजू तो हो
कोई हमसफ़र तो हो, कोई आरज़ू तो हो
साँसों का चलते रहना ही तो ज़िन्दगी नहीं।

फैला हुआ है, हर सू तनहाई का समन्दर
आँखों के सामने है, वीरानियों का मंज़र
कोई शोरगुल तो हो, कोई जलसा जश्न हो,
साँसों का चलते रहना...

जज़्बात मर गये हैं, अहसास जम गया है
मुझे लग रहा है जैसे अब वक़्त थम गया है
कोई बाख़बर तो हो, कोई दरमियाँ तो हो
साँसों का चलते रहना...

मुक्तक

वो था काजल का एक टीका
जिसे मैं तिल समझ बैठा
वो था पत्थर का एक टुकड़ा
जिसे मैं दिल समझ बैठा

●

राज़ की बात बताऊँ कैसे
दर्द सीने में छुपाऊँ कैसे
माना दिल चूर है सदमों से मगर
अश्क़ आँखों से बहाऊँ कैसे

अपना दिल हम तबाह कर बैठे
बेवजह उनकी चाह कर बैठे
प्यार की मिल गयी सज़ा मुझको
प्यार करके गुनाह कर बैठे

•

तारीख़ें कहती हैं बदल
वक़्त का हाथ पकड़ के चल
ऐसा ना हो सोचने में
कारवाँ जाये आगे निकल

भीगा हुआ लिबास समन्दर का किनारा
दिल चाहता है फिर तेरी बाँहों का सहारा
सबके दुखते दिल की राम कहानी होना
सबसे मुश्किल है दुनिया में पानी होना

•

जिस दिन से छोड़के तू मेरा शहर गया
सारे सितारे बुझ गये, वो चाँद मर गया

जहाँ से चले थे वहीं आ गये हम
चले उम्र भर, फ़ासले ना हुए कम

●

आईना बार-बार देखे वो
मेरा दिल बेक़रार हो जाये
मुझको डर लगता है कि उसको कहीं
आईने से ना प्यार हो जाये

सच्चा एक साथी था वो भी मुझसे रूठ गया
घर की दीवार पे एक आईना था, टूट गया

•

कितना गहरा घना अँधेरा है, हर तरफ़ खामोशी का डेरा है
घुल गया है ज़हर हवाओं में, रात नागिन है, दिन सपेरा है

जोगी, पंछी और परदेसी मिल के बिछड़ जाते हैं
ये सब ऐसे फूल हैं जो खिल के बिखर जाते हैं

•

तनहा कमरा, खुला पियानों, सीली-सीली रात
ऐसे में जो तुम आ जाओ, बन जाये दिल की बात

एक अजनबी-सा रिश्ता है, अपने दरमियाँ
नज़दीकियों में भी तो शामिल हैं दूरियाँ

●

कैसे बताऊँ तुझको मेरे वतन में क्या है
हर आदमी फ़रिश्ता, हर ज़र्रा देवता है

वही सुबह है वही शाम है, वही दिन भी है वही रात है
सब कुछ वही है साथिया, पर तू नहीं मेरे साथ है

•

दिल की धड़कन तेरी आमद का पता देती है
तेरी बेचैनियाँ भी मुझको बता देती है

कम कभी दर्द की दौलत नहीं होने देते
हम तेरी याद को रुख़सत नहीं होने देते

●

क्यों कोई शख़्स प्यार करता है,
बेवजा एतवार करता है।
जबकि मालूम है कि इसमें रोना पड़ता है
जबकि मालूम है कि इसमें खोना पड़ता है
जबकि मालूम है कि इसमें दर्द होता है
जबकि मालूम है कि इसे चैन खोता है
किसलिए इन्तज़ार करता है
क्यों कोई शख़्स प्यार करता है॥

घूँघट के पट खोल गुजरिया
धीरज मत मेरा तोल गुजरिया
तेरे दरस की प्यासी अँखियाँ
बीती तड़प-तड़प के रतियाँ
मिलन का अमृत घोल गुजरिया
घूँघट के पट खोल गुजरिया
कब से व्याकुल मन है मेरा
गलबइयाँ का डाल दे घेरा
प्रीत की बानी बोल गुजरिया
घूँघट के पट खोल गुजरिया

●

प्यार की क़िस्मत में तो कभी सुख-चैन नहीं
ये ऐसी दुनिया है जहाँ दिन-रैन नहीं

हमारे दरमियाँ जो खो गया है
वही फ़ुरसत का लम्हा चाहता हूँ
जो अपना था पराया हो गया है
वहीं फ़ुरसत का लम्हा चाहता हूँ

●

ख़ुशी की चाहत रहती है
मगर मिलता है अकसर ग़म
मोहब्बत करने वालों की
आँखें रहती हर दम नम

मेरी आग़ोश में एक लम्हा गिरा
मुझसे कहने लगा, मैं हूँ माँझी तेरा

•

छोड़ के तू चला आया पीछे मुझे
याद आता रहा मैं हमेशा तुझे

दर्द देते हो और दवा भी बताते हो
मेरे महबूब मुझपे क्या-क्या सितम ढाते हो

•

सुकूने-ज़िन्दगी लेती है बस बरबाद करती है
मोहब्बत कब ज़माने में किसे आबाद करती है

मेरा दिल मेरे सीने में बहुत उदास रहता है
ख़ुशी मिलती है इसको जब ये तेरे पास रहता है

●

पहली दोस्ती, पहली शरारत, पहला पहला इक़रार
दिल तो कभी नहीं भूलता, पहला-पहला प्यार

साथ आओ मेरे एक क़दम दो क़दम
फिर कभी उम्र भर दूर होंगे ना हम

●

आप आते ही जाने की बातें करें
इस तरह आने-जाने से क्या फ़ायदा
जिस मुलाक़ात का कोई मक़सद ना हो
ऐसे मिलने-मिलाने से क्या फ़ायदा

यूँ ज़िन्दगी से रस्म-ओ-राह करते रहे हम
मुमकिन नहीं था पर निबाह करते रहे हम
माना कि सारी दुनिया है बेवफ़ा मगर
हर एक से वफ़ा की चाह करते रहे हम

•

ऐसे अन्दाज़ से गुफ़्तगू ना करो
इश्क़ चाहत के क़िस्से शुरू ना करो
अपने दिल से मुझे रू-ब-रू ना करो
आरज़ू है यही आरज़ू ना करो

कोई काँटा गुलाब हो जाये
एक दीया आफ़ताब हो जाये
यूँ तो देखे हैं हज़ारों सपने
सच कोई एक ख़्वाब हो जाये

•

एक ख़ुशी की चाह में हर ख़ुशी से दूर हो गये
ढूढ़ँते थे ज़िन्दगी, ज़िन्दगी से दूर हो गये

वो ख़ुशियों का आलम वो सपनों का मौसम
वो रंगीं कहानी कहाँ छोड़ आये
पलटना जो चाहें पलट भी ना पाये
हम वो ज़िन्दगानी कहाँ छोड़ आये

•

ये ज़मीं आसमाँ कोई ना हो
हम जहाँ तुमसे मिलें, दरमियाँ कोई ना हो

मोहब्बत जब कोई करता ज़माना रूठ जाता है
यहाँ पे आके हर अपना-पराया छूट जाता है

•

कोई तनहा रह के भीड़ में है, कोई भीड़ में रह के तनहा है
लम्हात छुपे हैं सदियों में, सदियों में छुपा एक लम्हा है

सनम आशिक़ी का मज़ा हमसे पूछो
क्या मिलती है इसमें सज़ा हमसे पूछो

•

कहाँ तक करोगे सफ़र तनहा-तनहा
कभी हमसफ़र की ज़रूरत तो होगी,
जवानी की मंज़िल डगर तनहा-तनहा
किसी से तुम्हें भी मोहब्बत तो होगी

वो हँस के मिलता है लेकिन रूला के जाता है
वो हमेशा ही मेरा दिल दुखा के जाता है

●

रिश्तों के शुरू फिर से कारोबार हो गये
शोहरत मिली तो सारे मेरे यार हो गये

ये सर्द रात, ये अकेलापन,
कितना तनहा हूँ कोई भी तो मेरे पास नहीं,
मेरे बेदर्द सनम, दर्द है तो बस इतना
मेरी तनहाई का तुझको भी तो अहसास नहीं

●

गली-गली मुझको भटकाया, फिर भी मेरे हाथ ना आया
तेरा साया, तेरा साया
मुझको ख़्वाबों में चौंकाया, छूकर भी मैं छू ना पाया
तेरा साया, तेरा साया

इश्क़ की सच्चाई से मैं इनकार नहीं करता
वो बदक़िस्मत इंसाँ है जो प्यार नहीं करता

•

मुझे लफ़्ज़-ए-आशिक़ी का मतलब बताइये
दिल है सराए आपका तशरीफ़ लाइये

हमने ऐसी भी क्या ख़ता कर दी
जो काबिल-ए-माफ़ी नहीं
तुमको देखा नहीं है कई दिन से
क्या यही सज़ा काफ़ी नहीं

•

प्यास बुझे तो सहरा है
प्यास लगे तो दरिया है
इश्क़ की बातें सब करते हैं
इश्क़ को किसने समझा है

तेरी नफ़रतों की हद से गुज़र चुका हूँ मैं
ज़िन्दा हूँ मगर तेरे लिए मर चुका हूँ मैं

•

ये रात खुशनसीब है
जो अपने चाँद को कलेजे से लगाये सो रही है
यहाँ तो ग़म की सेज पर, हमारी आरज़ू अकेली,
मुँह छुपाये रो रही है।

मासूमियत, सुबह की ताज़गी, शाम की उदासी
शब की तनहाई, सूरज की गर्मी, चाँद की ठण्डक
मौजों की रवानी, परवतों की ऊँचाई, समुद्र की गहराई
महकती फ़िजाँ का अहसास
ये सब कुछ है मेरे महबूब के पास

●

जब अँधेरा बहुत गहरा हो, तो जुगनू भी
चाँद से कम नहीं लगता
ग़मों की इन्तिहा देखने के बाद
अपना ग़म, ग़म नहीं लगता

ज़िन्दगी की तलाश में हम
मौत के कितने पास आ गये
जब ये सोचा तो घबरा गये,
हम कहाँ थे कहाँ आ गये

●

मानवता से बढ़के कोई धर्म नहीं
पर उपकार से बढ़के कोई कर्म नहीं

तेरे हिज्र में हाल जिया का ऐसा दिलबर जानी,
पीता हूँ शहद समझकर, नीम का कड़वा पानी,

•

कूचा-ब-कूचा कू-ब-कू, चेहरा-ब-चेहरा रू-ब-रू
जलवा-ब-जलवा हू-ब-हू, बस तू-ही-तू बस तू-ही-तू

ये वक़्त-ए-शाम, वक़्त-ए-शाम, वक़्त-ए-शाम है
मैं हूँ तन्हाई है, होंठों पे तेरा नाम है

●

आपका ज़िक्र महफ़िल में क्या हो गया,
ज़ख़्म सूखा था जो वो हरा हो गया,

मेरी बरबादियों का जश्न यूँ मनाते हैं
जब मैं रोता हूँ तो कुछ लोग मुस्कुराते हैं

•

मोहब्बत हमको ऐसे मोड़ पे ले आयी है
जहाँ से अब बिछड़ जाने में ही भलाई है,

बेसबब बेवजह मुस्कुराने लगे
तुम भी मुझसे हक़ीकत छुपाने लगे

●

दिन नया, सुबह नयी, शाम नयी, रात नयी,
तुझसे मिलके मुझे लगने लगी हर बात नयी

हम नज़र में हैं, दिल में कोई और है,
आपके इश्क़ का अन्दाज़ क़ाबिल-ए-ग़ौर है

•

हम ना कहते थे सनम फूल ना फेंको हम पर
फूल की मार भी हमसे ना सही जायेगी
मुड़के पूछोगे कभी हमसे जो तुम हाल-ए-जिया
हमसे रूदा-द-मोहब्बत ना कही जायेगी

एक लफ़्ज़-ए-मोहब्बत के सैकड़ों माने है,
हर कोई इसे ना समझे, बस दिल ही पहचाने है

नज़्म

नज़्म-1

तुम्हें देखकर सोचता हूँ मैं अकसर
कि मेरे ख़यालों की मंज़िल तुम ही हो
धड़कता है सीने में वो दिल तुम ही हो
जिसे दस्ते-कुदरत ने पल-पल सँवारा
तुम्हें उस मोहब्बत की मूरत कहूँ मैं
ये माना कि तुम हो बहुत ख़ूबसूरत
तुम्हें और भी ख़ूबसूरत कहूँ मैं
तुम्हें देखकर सोचता हूँ मैं अकसर

सितारों में शायद तुम्हारी झलक है,
तुम ही से ज़मीं है तुम ही से फ़लक है
जिसे ढूँढ़ता था मैं रोज़े-अज़ल से
उसी जुस्तजू का नशा आज तक है
तुम्हें देखकर सोचता हूँ मैं अकसर

मेरी ज़िन्दगी की हसीं वादियों में
घटाओं की सूरत बरस जाओ एक दिन
तुम्हें देख के भी ना देखे ज़माना
मेरी धड़कनों में यूँ बस जाओ एक दिन
तुम्हें देखकर सोचता हूँ मैं अकसर
यही है तमन्ना यही आरज़ू है

तुम्हारी अदाओं के झूलों में झूलूँ
बचाओ भले लाख दामन तुम मुझसे
हवा बनके मैं सुर्ख़ होंठों को छू लूँ
तुम्हें देखकर सोचता हूँ मैं अकसर

नज़्म-2

मेरी चाय की प्याली में, सुबह की हल्की लाली में
मेरे दिन में दोपहर में, शामो-रात हर पहर में,
मेरी दुआ में, ख़यालों में
मेरे जवाबों में, सवालों में
तुम और तुम्हारी याद है।

मेरे मोबाइल फ़ोन में, एसएमएस रिंगटोन में
कमरे की तनहाई में, ख़्वाबों की परछाईं में
तुम और तुम्हारी याद है।

मेरी दीवानगी के आलम में, मेरी आवारगी के मौसम में
भीड़ में, अकेले में, यादों के मेले में, तुम और तुम्हारी याद है
मेरे तकिये में, चादर में, मेरी सिलवटों में, बिस्तर में,
तुम और तुम्हारी याद है।

मेरी नींद में, इन्तज़ार में, मेरी बेचैनी में, करार में
मेरी तड़प में, बयान में, गली में, मकान में,
तुम और तुम्हारी याद है।

अभिषेक

बेटा अभिषेक तुम मेरे दामाद हो,
मगर मेरी आँखों ने हमेशा तुम्हें
बेटे की नज़र से देखा है,
रिश्ते सिर्फ़ नाम के नहीं, प्यार, इज़्ज़त
और भावनाओं के होते हैं।

तुम मेरी बड़ी बेटी के पति हो और मेरे परिवार का एक अभिन्न अंग हो मैं तुमसे बहुत प्रभावित हूँ, क्योंकि तुमने मेरी तरह अपनी दुनिया बनाई है, बसाई है और सजाई है, मेरी बेटी को सही मार्गदर्शन देने, सँवारने और प्यार करने के लिए मैं तुम्हारा शुक्रगुज़ार हूँ। मेरी बेटी का भी समर्पण, प्यार और बलिदान जो उसने तुम्हारे लिए किया है, उसके लिए मैं उसपे गर्व करता हूँ।

तुम्हारी छोटी-सी दुनिया हमेशा फूलों की तरह मुस्कुराती रहे। तुम्हारे जीवन में कभी कोई दुख ना आये, ऐसी कामना करता हूँ, आशीर्वाद देता हूँ।

❏❏